この本のとく色と使い方

　本書は，アルファベットを書くことを定着させるための練習帳です。アルファベットの大文字・小文字，英単語や短い英文，手紙の練習が繰り返しできるように工夫されています。

　英語で使うアルファベットは26文字あり，それぞれの文字に大文字と小文字があります。本書では，文字をなぞって書ける部分は少しうすい文字にしています。濃い黒い文字を見本に，上からなぞって練習してから，実際に書いてみましょう。

　また，本書についているQRコードをスマートフォンなどで読み取ると，本書の画像が表示されます。グレーの部分をタッチすればアルファベットや英単語の音声が再生されますので，いっしょに発音の練習もしてみましょう。

※お使いの機器によっては再生できないものもあります。また，通信費はお客様負担になります。
※QRコードは㈱デンソーウェーブの登録商標です。

★ 書き出しを確かめてから，見本を見て練習しよう。　　　★ スマーフォンなどで読み取って音声を聞いてみよう。

本書に関する最新情報は，小社ホームページにある本書の「サポート情報」をご覧ください。（開設していない場合もございます。）
なお，この本の内容についての責任は小社にあり，内容に関するご質問は直接小社におよせください。

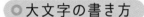

大文字の書き方

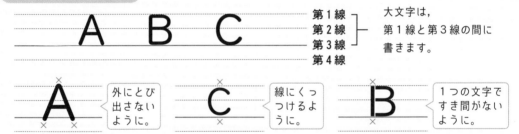

第1線
第2線
第3線
第4線

大文字は，
第1線と第3線の間に
書きます。

A	外にとび出さないように。	C	線にくっつけるように。	B	1つの文字ですき間がないように。

次のことに注意して，大文字の練習をしましょう。

- 書き始めの位置（・）を確かめましょう。
- 1，2，3，…の順に矢印の方向へ書きましょう。
- この本にのせている書き順は一例です。いろいろな書き順がありますが，正しく美しく書くために，まずはお手本の書き順をまねしてみましょう。
- アルファベットの音声を聞き，声に出して読みましょう。

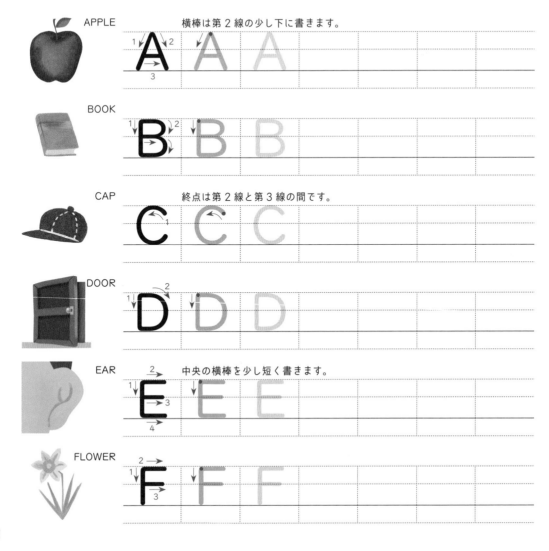

APPLE　横棒は第2線の少し下に書きます。

BOOK

CAP　終点は第2線と第3線の間です。

DOOR

EAR　中央の横棒を少し短く書きます。

FLOWER

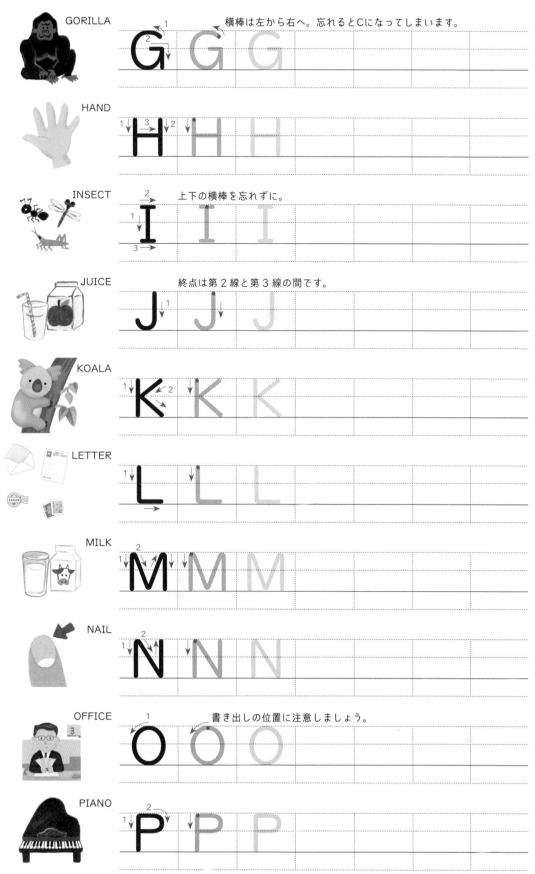

GORILLA

横棒は左から右へ。忘れるとCになってしまいます。

G

HAND

H

INSECT

上下の横棒を忘れずに。

I

JUICE

終点は第2線と第3線の間です。

J

KOALA

K

LETTER

L

MILK

M

NAIL

N

OFFICE

書き出しの位置に注意しましょう。

O

PIANO

P

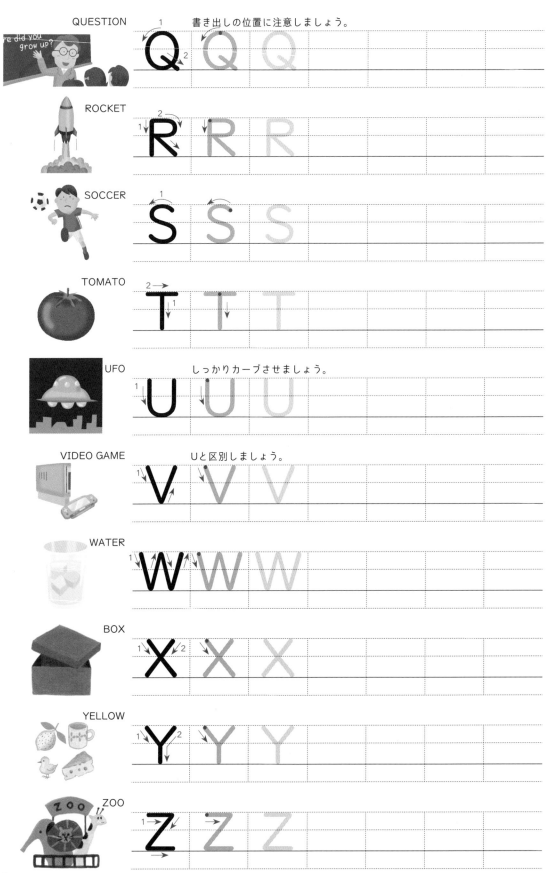

QUESTION　書き出しの位置に注意しましょう。

ROCKET

SOCCER

TOMATO

UFO　しっかりカーブさせましょう。

VIDEO GAME　Uと区別しましょう。

WATER

BOX

YELLOW

ZOO

■ アルファベット順に並べました。あいている□に文字を
　入れましょう。

① A □ C

② D □ F

③ G □ I

④ J □ L

⑤ □ N O

⑥ □ Q R

⑦ □ T U

⑧ □ W X

⑨ Y □

◎ 書き順について

書き順はとくに定められているわけではありません。
他の例も見てみましょう。

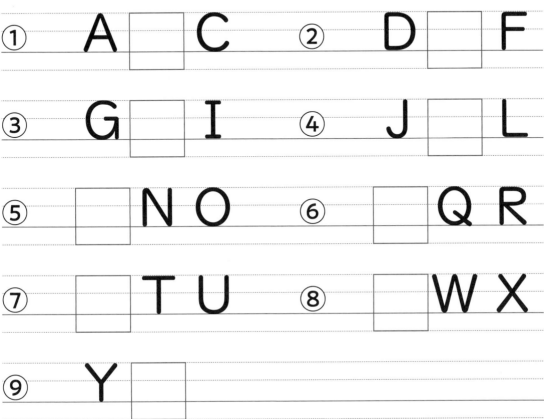

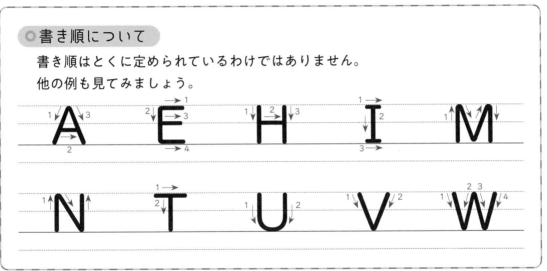

AB AB AB

CD CD CD

EF EF EF

GH GH GH

Jはしっかりカーブさせます。

IJ IJ IJ

KL KL KL

■ あいている □ に文字を入れましょう。

A	B		D	E	F	G		I	J	K	L	M

A			D	E	F	G	H	I			L	M

	B	C	D				H	I	J	K	L	

MN MN MN

OP OP OP

QR QR QR

ST ST ST

きちんと区別しましょう。

UV UV UV

WX WX WX

YZ YZ YZ

N　 PQRST　VWXYZ

N　　QRSTUV　　YZ

　OPQ　　　UVW

[　　月　　日　]

■ 違いによく注意して練習をしましょう。

CG

IT　横棒の長さに気をつけて。

OQ　忘れない。

PR　忘れない。

SZ

MN

BD

VW

JL

8

● シーディー

CD

● テレビ

TV

● パソコン（パーソナルコンピュータ）

PC

● ディージェイ（ディスクジョッキー）

DJ

● エスエフ（サイエンスフィクション）

SF

● ユーフォー（未確認飛行物体）

UFO

● ユーエスエー（アメリカ合衆国）

USA

● ディーブイディー

DVD

○ ここでは，とくに文字の高さに注意しましょう。

a c e 　第2線と第3線の間に書く文字

b d f 　第1線と第3線の間に書く文字

g p q 　第2線と第4線の間に書く文字

i t j 　中間に書く文字

○ 次のことに注意して，小文字の練習をしましょう。

- 大文字との違いに気をつけましょう。
- この本にのせている書き順は一例です。いろいろな書き順がありますが，正しく美しく書くために，まずはお手本の書き順をまねしてみましょう。
- アルファベットの音声を聞き，声に出して読みましょう。

ant
a a a

banana
b b b

cup　大文字と形は同じですが，高さが違います。
c c c

dish　aやbと間違えやすいので注意しましょう。
d d d

eleven
e e e

fruit
f f f

glass

g g g

heart

第1線から始めます。

h h h

ink

点を忘れない。

i i i

jam

点を忘れない。

j j j

key

大文字とは斜線の書き出しが違います。

k k k

locker

l l l

melon

第2線から始めます。

m m m

necklace

第2線から始めます。hと区別しましょう。

n n n

octopus

o o o

panda

p p p

[　月　　日]

queen

q q q

rice

r r r

ship

s s s

tent

t t t

umbrella

u u u

volleyball

v v v

whale

w w w

fox

x x x

yogurt

y y y

zebra

z z z

■ アルファベット順につないでみましょう。

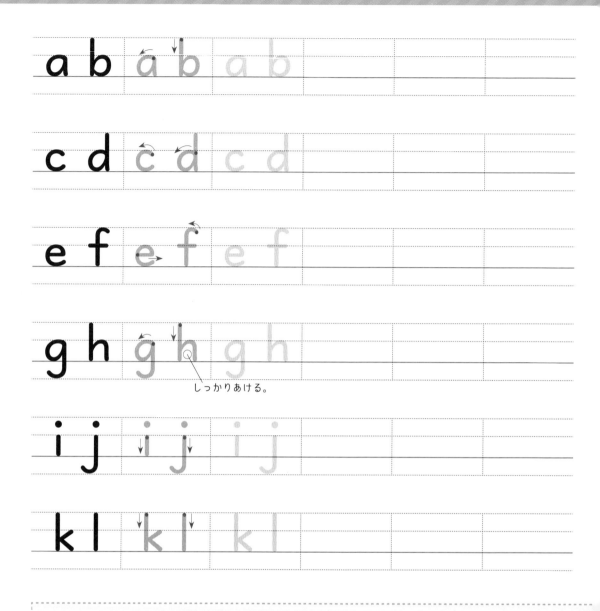

a b　a b　a b

c d　c d　c d

e f　e f　e f

g h　g h　g h

しっかりあける。

i j　i j　i j

k l　k l　k l

■ あいている□に文字を入れましょう。

a □ c d e f □ h i □ k l m

a b □ □ e f g □ □ j k l m

a □ □ d e □ □ □ i j □ □ m

m n m n m n

o p o p o p

q r q r q r

s t s t s t

きちんと区別しましょう。

u v u v u v

w x w x w x

y z y z y z

n o p q ☐ s t u v ☐ x y z

n ☐ ☐ q r s t ☐ ☐ w x y z

n o ☐ ☐ r s ☐ ☐ v ☐ x ☐ ☐ ☐

■ 違いによく注意して練習をしましょう。

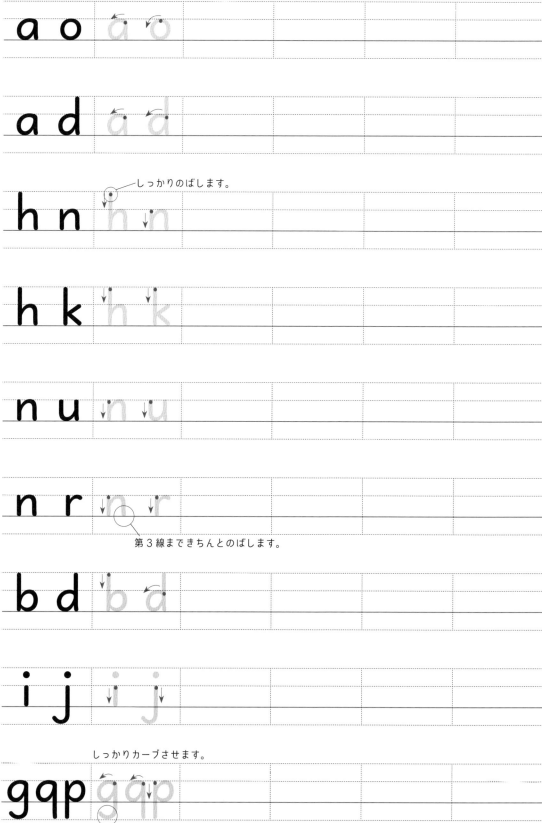

しっかりのばします。

第3線まできちんとのばします。

しっかりカーブさせます。

The ABC Song

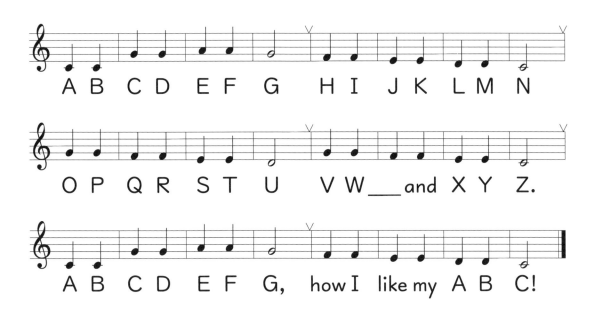

A B C D E F G H I J K L M N

O P Q R S T U V W___ and X Y Z.

A B C D E F G, how I like my A B C!

○次のことに注意して，大文字・小文字の練習をしましょう。

- ここでは大文字と小文字を比べながら練習しましょう。
- 大文字と小文字が同じ形のものは，特に大きさに注意します。
- 高さや幅にも気をつけましょう。
- アルファベットの順番もおさらいしましょう。
- なれてきたら，アルファベットを読みながら練習しましょう。

Aa Aa Aa

Bb Bb Bb

大きさが違います。

Cc Cc Cc

小文字の(b)と区別しましょう。

Dd Dd Dd

Ee Ee Ee

Ff Ff Ff

Gg Gg Gg

Hh　Hh　Hh

横棒と点を忘れずに。

Ii　Ii　Ii

高さが違います。点を忘れずに。

Jj　Jj　Jj

斜めの線の長さが違います。

Kk　Kk　Kk

大文字の(I)と小文字の(l)の違いに気をつけましょう。

Ll　Ll　Ll

Mm　Mm　Mm

Nn　Nn　Nn

Oo　Oo　Oo

Pp　Pp　Pp

小文字の(g)と区別しましょう。

Qq　Qq　Qq

Rr　Rr　Rr

大きさが違います。

Ss　Ss　Ss

小文字はつきぬけます。

Tt　Tt　Tt

Uu　Uu　Uu

Vv　Vv　Vv

Ww　Ww　Ww

Xx　Xx　Xx

形が違います。

Yy　Yy　Yy

Zz　Zz　Zz

■ 大文字の右の□に小文字を書いてみましょう。

① D □　② Q □　③ L □

④ S □　⑤ B □　⑥ U □

⑦ G □　⑧ T □　⑨ M □

■ 小文字の左の□に大文字を書いてみましょう。

① □ k　② □ f　③ □ t

④ □ n　⑤ □ c　⑥ □ z

⑦ □ j　⑧ □ p　⑨ □ e

● ケーキ

cake cake

● ジュース

juice juice

● カバン

bag bag

● テーブル

table table

● ドア

door door

● 車

car car

● バス

bus bus

● タクシー

taxi taxi

● 電車

train train

● 自転車

bike bike

● 駅

station station

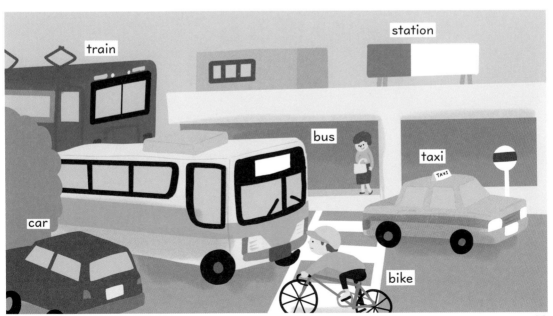

●トラ

tiger　tiger

●サル

monkey　monkey

●ライオン

lion　lion

●ゾウ

elephant　elephant

●キリン

giraffe　giraffe

●動物園

zoo　zoo

■ 人名や地名は必ず大文字で始めます。

● サトウ　ケン

Sato Ken

● トム　ブラウン

Tom Brown

● アメリカ

America

● カナダ

Canada

● パリ

Paris

● ロンドン

London

■ 月や曜日も大文字で始めます。

● エイプリル（4月）

April

● サンデイ（日曜日）

Sunday

文を書くときのルール

①文は必ず大文字で書き始めます。

　（地名や人の名前の最初の1字，I（私）は文の途中でも大文字を使います。）

②文の区切りにはカンマ（,）を，文の終わりにはピリオド（.）をつけます。

③単語と単語の間は小文字1字分（●）くらい，文と文の間は小文字2字分（●●）

　くらいをあけて書きます。

④いろいろな符号

　（,）カンマ　　（.）ピリオド

　（?）クエスチョンマーク〔疑問文の終わりにつけます。〕

　（!）エクスクラメーションマーク〔感嘆文の終わりにつけます。〕

　（'）アポストロフィー〔2語が1語に短縮されることを表します。〕

　　　〈例〉　I am → I'm

● こんにちは，サム。　　　　　　　　　　● やあ，久美。

Hi, Sam.　　　Hi, Kumi.

● 元気かい？

How are you?

How are you?

● 元気よ，ありがとう。

I'm good, thank you.

I'm good, thank you.

Is this your book?

Yes, it is my book.

● これは君の本ですか？

Is this your book?

Is this your book?

● ええ，私の本です。

Yes, it is my book.

Yes, it is my book.

●私は音楽が好きです。フルートを吹きます。

I like music. I play the flute.

I like music. I play the flute.

●私はスポーツが好きです。テニスをします。

I like sports. I play tennis.

I like sports. I play tennis.

29

> It's a nice day.
> Let's go to the park.

> Yes, let's.

●良い天気だ。公園へ行こう。

It's a nice day. Let's go to the park.

It's a nice day. Let's go to the park.

●ええ，行きましょう。

Yes, let's. Yes, let's.

■ カードを書こう。

Dear, Sam

Happy Birthday!

Love,
Kumi

サムへ

お誕生日おめでとう

久美より

■ いろいろなカードを書いてみよう。

● 新年おめでとう。

Happy New Year.

● クリスマスおめでとう。

Merry Christmas.

■ 封筒の表書き

① Tanaka Kumi

② 11-99 Furuike Nishi-machi

Uji City, Kyoto-Fu
JAPAN

611-0000

③ Mr. Sam White

④ 312 Serrano Drive

San Francisco, California

94132 U.S.A.

AIR MAIL

切手

①差し出し人の氏名　　②差し出し人の住所　　③受け取り人の氏名　　④受け取り人の住所

Dear, _____

_____

Love,

_____

① --------------------------------

② --------------------------------

----

③ --------------------------------

④ --------------------------------

AIR MAIL

切手
